AF399782

MANIPULATION AM ARBEITSPLATZ

Tipps, um das Verhalten Ihrer Kollegen und Vorgesetzten zu durchschauen

Verfasst von Adrien de Fraipont

Übersetzt von Julia Buchrieser

Für die Arbeitswelt 50MINUTEN.de

MANIPULATION AM ARBEITSPLATZ

- **Ziel:** lernen, mit Manipulation am Arbeitsplatz umzugehen, um eine bessere und von Machtspielen befreite Atmosphäre zwischen den Kollegen zu schaffen
- **Anwendung:** sich gegen Manipulationen am Arbeitsplatz wappnen, um an seiner Selbstbehauptung und den Beziehungen zu Kollegen und Vorgesetzten zu arbeiten
- **Arbeitskontext:** Am Arbeitsplatz kommt es in allen Bereichen und auf allen Beziehungsebenen immer wieder zu Fällen von Manipulation, beispielsweise in der Beziehung zum Arbeitgeber, einem Kollegen oder einem Untergebenen
- **FAQ:**
  - Wer sind die Manipulatoren?
  - Wie kann ich einen krankhaften Manipulator am Arbeitsplatz entlarven?
  - Werde ich am Arbeitsplatz manipuliert?
  - Befinde ich mich unbewusst in einer für mich

nachteiligen Situation?
- Wann sollte ich aktiv werden?
- Wie befreie ich mich aus dieser demütigenden Beziehung?
- Welches Gesetz schützt mich in dieser Situation?
- Wie erkläre ich meinem Umfeld die Situation?
- Wie kann ich anderen helfen, sich aus dieser Situation zu befreien?

EINLEITUNG

Niemand ist davor gefeit, eines Tages in eine Manipulationssituation zu geraten, egal ob als Zeuge, Manipulierter oder sogar Manipulator. Womöglich ist es Ihnen bereits passiert, denn das Phänomen ist bei zwischenmenschlichen Beziehungen ziemlich häufig. Denken Sie nach. Haben Sie sich noch nie verpflichtet gefühlt, jemandes Bitte aus Angst ihn zu enttäuschen oder zu verletzen nachzukommen? Oder im Gegenteil, haben Sie sich noch nie der emotionalen Erpressung bedient, um von jemandem etwas zu bekommen? Bewusst oder unbewusst – jeder kann die Rolle eines Manipulators oder eines

„Opfers" einnehmen, manchmal auch nur für die Dauer eines Gesprächs.

Machtspiele dieser Art stehen im täglichen Kontakt mit anderen und vor allem am Arbeitsplatz, wo die Beziehungen durch die hierarchischen Positionen noch komplexer sind, tatsächlich an der Tagesordnung. Selbst wenn sie unangenehm sind, haben sie keine zerstörerische Wirkung, solange ihre Intensität und Häufigkeit im Rahmen bleiben. Wenn diese kleinen Angriffe sich allerdings häufen, kann daraus ein richtiges Problem entstehen.

In diesem Booklet wird versucht zu definieren, was unter „Manipulation am Arbeitsplatz" verstanden wird und auf welche Art und Weise sich dieser Prozess entwickelt. Es werden zudem Methoden zur Erkennung von manipulativem Verhalten sowie Lösungen zur Vereitelung von Manipulationsversuchen bzw. zur Befreiung aus einer solchen Situation angeboten.

MANIPULATION AM ARBEITSPLATZ: DIE GRUNDLAGEN

WAS IST MANIPULATION?

Manipulation ist eine Verhaltensdynamik zwischen zwei Personen oder Gruppen von Personen, wo eine der beiden bewusst versucht, die Oberhand über die andere zu gewinnen, um Dinge zu ihrem eigenen Vorteil zu erhalten, meist ohne dass das Opfer es mitbekommt. Der Manipulator hat daher das bewusste Ziel, den Adressaten seiner Botschaften psychologisch zu dominieren und ist sorgfältig darauf bedacht, dass sein Spiel nicht von potenziellen Opfern oder einer dritten Person aufgedeckt wird. Es handelt sich dabei um einen schleichenden Prozess sozialer Einflussnahme, der meist schwierig zu erkennen ist.

Wie in der Einleitung bereits betont, muss der Begriff der Manipulation vom Konzept der manipulativen Persönlichkeit abgegrenzt werden. Tatsächlich kann es vorkommen, dass eine an sich ausgeglichene Person versucht, jemanden punktuell und aus unterschiedlichen Gründen zu manipulieren. Im Gegensatz dazu ist eine manipulative Person ständig auf der Suche nach zu manipulierenden Menschen, um dadurch ihre Ziele zu erreichen. Auch wenn diese „Serienmanipulatoren" eher selten sind, ist es trotzdem wichtig, sie zu erkennen, um sich vor ihnen schützen zu können. Tatsächlich kann sich eine manipulierte Person in einer für sie nachteiligen Situation (Verlust des Arbeitsplatzes, Verlust des Selbstwerts, familiäre Konsequenzen, gesundheitliche Probleme etc.) wiederfinden, wenn sie den Grund der Interaktion nicht rechtzeitig erkennt.

Wie wirkt sich Manipulation am Arbeitsplatz aus?

Die Arbeitswelt besteht aus unterschiedlichen Kontexten, die oft besonders förderlich für Manipulationsprozesse sind. Dies ist vor allem in wettbewerbsorientierten Sektoren der Fall, in denen der Druck von außen diese Art von

Verhalten fördert.

Am Arbeitsplatz können unterschiedliche Formen von Manipulation auftreten:

- zwischen Vorgesetztem und Untergebenem: Der Chef kann versucht sein, den einen oder anderen Angestellten zu manipulieren und ihm Dinge aufzutragen, die auf eine bestimmte Art und Weise über die im Vertrag festgeschriebenen Aufgaben hinausgehen.
- zwischen Untergebenem und Vorgesetztem: Umgekehrt ist es zudem möglich, dass ein Untergebener seinen Vorgesetzten beispielsweise durch Schmeicheleien oder Mikro-Sabotage und Zurückhaltung von Informationen manipuliert.
- zwischen zwei Kollegen: Ein Kollege kann versuchen, einen anderen Kollegen zu manipulieren, um eine Beförderung zu erhalten oder seinen Job auf Kosten des anderen zu behalten, beispielsweise indem er seine Arbeit heimlich sabotiert oder ihn ohne sein Wissen zum Mittäter macht.
- zwischen einem und mehreren Kollegen: Ein Mitarbeiter kann versuchen, sich von der Gruppe abzuheben, indem er vorgibt, fähiger

als die anderen zu sein. Beispielsweise kann er mithilfe seines Charismas zum Leiter der Gruppe werden, die ihm in weiterer Folge hilft, seine eigenen Ziele zu erreichen.

TIPP FÜR DEN ARBEITGEBER

Am Arbeitsplatz können Manipulationsprozesse für Spannungen zwischen Kollegen sorgen und somit die Erledigung von Aufgaben, die zu einem gut funktionierenden Ablauf in der Hierarchie beitragen, beeinträchtigen. Wenn eine manipulative Person die Arbeit seines oder seiner Opfer – möglicherweise durch Vergehen, für die sie ihm oder ihnen die Schuld zuschiebt – sabotiert oder eine betroffene Person durch den Verlust von Selbstvertrauen und Motivation ihre Arbeit nicht mehr korrekt erledigt, sollte der Arbeitgeber reagieren.

BEZIEHUNGSROLLEN

Dramadreieck

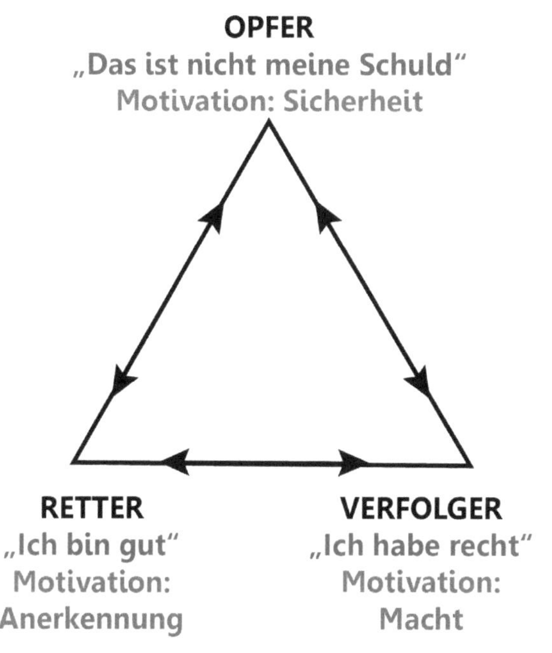

Anhand des Dramadreiecks kann das Phänomen der Manipulation erläutert werden, da es die Rollen des Opfers, des Verfolgers und des Retters sowie ihren Beziehungszusammenhang beschreibt. Der Theorie des US-amerikanischen Psychologen Stephen Karpman zufolge neigen Menschen dazu, „Beziehungsrollen" einzunehmen, die mit der eigenen Motivation und der Rolle der jeweiligen Gesprächspartner verbunden sind. Im Allgemeinen hat man eine dominante Rolle inne, ist aber auch bereit, je nach Situation eine andere zu übernehmen.

Karpman unterscheidet drei klar voneinander getrennte Rollen:

- die des Verfolgers, der vor allem beeindrucken und dominieren möchte, um sich bereits im Vorhinein in der Beziehung zu schützen, und nicht zögert, sein Gegenüber zu zerstören. Er baut sich auf Kosten anderer auf.
- die des Opfers, das nach Sicherheit und Aufmerksamkeit sucht, indem sie ihren Teil der Verantwortung an den anderen abgibt. Diese Person hat ständig das Gefühl, unter etwas zu leiden und angegriffen zu werden, ohne sich dagegen wehren zu können. Das kann als bequeme Haltung erscheinen, allerdings bedeutet es eine tiefgehende Herabwürdigung seiner selbst.
- die des Retters, der vehement fordert, dass alle

anerkannt und gut behandelt werden. Sobald wie möglich eilt er seinen Mitmenschen zu Hilfe, was diese als Entmündigung aufnehmen könnten.

Die Übernahme einer dieser Rollen, ob bewusst oder unbewusst, erlaubt es einem, sich gegenüber dem anderen durchzusetzen, ohne ihm die Möglichkeit des „Nein"-Sagens zu geben und den eigenen Selbstwert zu verletzen. Außerdem zwingt das den Gesprächspartner, ebenfalls eine Rolle zu spielen. Es handelt sich in Wirklichkeit um drei Manipulationsformen, die dazu dienen, das zu bekommen, was man möchte:

- der Verfolger setzt sich durch und weist seinem Gesprächspartner dadurch die Opferrolle zu, die dieser widerstandslos annimmt.
- das Opfer jammert, um den Gesprächspartner dazu zu bringen, die Rolle des Retters zu übernehmen, was dieser aufgrund seines schlechten Gewissens auch tut. Allerdings riskiert eine Person, die immer das Opfer spielt, den in jedem Menschen schlummernden Verfolger zu wecken.
- der Retter greift ungeniert in das Leben anderer ein, die sich dadurch in die Opferrolle gezwun-

gen fühlen, in der sie tatsächlich Hilfe brauchen und dem Retter zu Dank verpflichtet sind.

MANIPULATION ERKENNEN

Ein Manipulator erscheint seinem Opfer – egal, ob es sich dabei um einen Serientäter und einen punktuellen Manipulator handelt – anfangs als sympathische und an funktionierenden Beziehungen zu den Menschen in ihrem Umfeld interessierte Person. Er schmeichelt seinem Opfer und versucht, freundschaftliche Beziehungen zu knüpfen, beispielsweise indem er es zu einem Drink nach Feierabend einlädt. Der Manipulator macht all das nur, um sein Opfer besser kennenzulernen, zeigt sich selbstlos, bietet seine Hilfe für diverse Aufgaben an, kurz gesagt, er zeigt sich als Retter. Allerdings versucht er in Wirklichkeit ein natürliches Autoritätsverhältnis aufzubauen, indem er subtil seine eigenen Kenntnisse und sein Know-how zur Schau stellt. Sein Ziel ist ziemlich egozentrisch: Er will schrittweise in das „geistige Eigentum" seines Opfers eindringen.

Sobald der erste Kontakt hergestellt ist, beginnt der Manipulator sein Opfer unter seine Kontrolle zu bringen. Dazu drückt er sich unklar aus, baut

Minderwertigkeits- und/oder Schuldgefühle beim Chef des Opfers oder sogar ein Klima der Angst auf, die beim Opfer eine große und schwierig auszuhaltende emotionale Belastung auslösen.

Unklare Kommunikation

Durch seine verbale und nonverbale Kommunikation zieht der Manipulator die Aufmerksamkeit seines Opfers auf sich, als wolle er es seiner Freiheit berauben. Wenn man darauf achtet, kann man an seiner Art der Gesprächsführung, seiner Haltung und seinen Gesten seine Manipulationsabsichten erkennen.

Bezüglich der verbalen Kommunikation:

• Der Manipulator kommuniziert auf konfuse Art und Weise. Daher können seine Bedürfnisse, Forderungen, Meinungen etc. nicht klar bestimmt werden. In diesem Sinne antwortet er auch undeutlich auf Fragen zu seiner Persönlichkeit und zu Themen, die er nicht perfekt beherrscht, um vorzugeben, dass er alles weiß und sich nur nicht länger mit dieser Frage beschäftigen möchte – all dieser

Aufwand wird nur betrieben, um sich von den anderen abzuheben.

- Durch die Lautstärke seiner Stimme zieht der Manipulator alle Aufmerksamkeit auf sich. Entweder spricht er so laut, dass niemand anderer gehört wird oder er spricht leise, damit alle schweigen müssen, um ihn zu verstehen.
- Der Manipulator predigt das Falsche, um das Richtige zu erfahren. Er stellt beispielsweise bewusst eine Frage, die ein falsches Element enthält, um dadurch mehr über sein Opfer zu erfahren.
- Er gibt die Ideen anderer als seine eigenen aus oder täuscht ihre Offensichtlichkeit vor.
- Er lügt ohne zu zögern, um seine Ziele zu erreichen. Beispielsweise leugnet er, etwas gefordert zu haben, und kann so seine undurchsichtige Kommunikation aufrechterhalten.
- Der Manipulator kommuniziert gerne über Dritte, um sich einen möglichst großen Handlungsspielraum zu verschaffen. Dadurch kann er seine Aussage durch die Ausrede eines Missverständnisses durch die Vermittlungsperson leichter zurücknehmen.

DIE DOPPELBINDUNG

Der Manipulator macht sich oft die Methode der *Doppelbindung,* auch *Double Bind* genannt, zunutze, die an eine Zwickmühle erinnert. Es handelt sich dabei um eine Kommunikationssituation, in der eine Person zwei widersprüchliche Botschaften empfängt. Wenn sie die eine Botschaft berücksichtigt, widersetzt sie sich der anderen, und umgekehrt. Ein typisches Beispiel: jemanden bitten, etwas unaufgefordert zu tun, wobei eine unaufgeforderte Handlung nicht auf eine Forderung folgen kann.

Bezüglich der nonverbalen Kommunikation:

• Dem Manipulator fehlt es an Empathie. Dieser Mangel in Verbindung mit seiner herablassenden Haltung gegenüber seinem Opfer zeigt sich in besonderen nonverbalen Kommunikationszeichen. Beispielsweise hat er einen ausweichenden und/oder dominanten Blick und wenn man mit ihm spricht, hört er oft nur widerwillig zu. Er wendet sich seinem Opfer nicht zu, wenn dieses sich nähert, und hört ihm zwar zu, jedoch ohne es anzusehen oder seine momentane Aktivität zu unterbrechen.

- Das Verhalten des Manipulators scheint im Gegensatz zu dem der anderen zu stehen. Beispielsweise nimmt er in Meetings umgehend eine entspannte Haltung ein, um über dem Geschehen zu stehen, während die anderen in der Zuhörerposition sind. Er macht auch keine Notizen, wenn dies für die anderen notwendig erscheint.
- Bei Kritik lächelt er, um Selbstsicherheit zu zeigen.

Förderung des Minderwertigkeitsgefühls

Kaum hat der Manipulator eine Autoritätsbeziehung zu seinem Opfer aufgebaut, arbeitet er daran, es an sich zweifeln zu lassen und ihm seine Selbstsicherheit zu nehmen. Dafür täuscht er Erstaunen vor, wenn sein Opfer etwas sagt – beispielsweise, wenn es erklärt, Lob von seinem Vorgesetzten für seine Arbeit bekommen zu haben – setzt dessen Worte und Handlungen herab, gibt ihm Kosenamen oder übt versteckte Kritik, und unterstellt ihm böse Absichten. Das Opfer fühlt sich dadurch diskreditiert, zweifelt an seinen Fähigkeiten und hat den Eindruck, den

Anforderungen nicht entsprechen zu können.

Eine Methode, die der Manipulator häufig anwendet, besteht darin, den anderen subtil als Lügner darzustellen, der ihn täuschen will. Um seine Spuren zu verwischen, tendiert der Manipulator dazu, seinen Gesprächspartner mit einer Unmenge an Informationen, egal ob wahr oder falsch, zu verwirren. Er stellt sich dadurch als Retter dar, der die Ordnung wiederherstellen kann, und zerstört schrittweise das Selbstwertgefühl des Opfers und macht es damit von sich abhängig. Der Manipulator kann sogar so weit gehen, von seinem Opfer zu verlangen, ihn zu konsultieren, mit dem Ziel, Sympathie vorzutäuschen und dabei den Fokus auf die Schwächen des anderen zu legen.

Selbstviktimisierung und Schuldzuweisungen an Dritte

Eine andere gängige Manipulationsmethode besteht darin, sich als unschuldiges Opfer darzustellen, beispielsweise durch die Behauptung von gesundheitlichen Problemen, Arbeitsüberlastung, personellen Sorgen etc. In diesen Fällen stellt der Manipulator seine

Forderungen in letzter Minute, weil er „vergessen" oder „keine Zeit" hat, sich darum zu kümmern. Der „arme Manipulator" ist tatsächlich immer sehr beschäftigt oder körperlich nicht zur Erledigung bestimmter Aufgaben in der Lage.

Die Übernahme der Opferrolle ermöglicht es, seine Verantwortung jemand anderem zu übertragen. Tatsächlich wird das Opfer möglicherweise auf die Forderungen des Manipulators eingehen, im Glauben, damit etwas Gutes zu tun, und wird dadurch auch in Zukunft eher geneigt sein, auf seine Forderungen einzugehen. Wenn das Opfer ablehnt, wird es sich schuldig fühlen und den Eindruck haben, seine eigenen moralischen Prinzipien zu verletzen.

Der Manipulator kann zudem dafür sorgen, dass sein Opfer sich ihm gegenüber schuldig fühlt wegen etwas, was es gemacht oder nicht gemacht hat. Es ist wie eine verkehrte Welt – der Manipulator macht seinem Opfer Glauben, dass es ihm Schaden zugefügt hat. Er kann dadurch dieses Schuldgefühl nach Belieben ausnutzen und noch mehr von seinem Opfer verlangen, das sich Vergebung wünscht und dadurch eher bereit ist, seine Forderungen zu erfüllen.

Parallel dazu sorgt der Manipulator für ein respektables Image. Er legt sich den Ruf einer ehrenhaften und guten Person zu, damit ihm niemand böse Absichten unterstellen kann und sein Opfer überzeugt davon ist, dass es in Wirklichkeit der Schuldige ist.

Erzeugung eines Angstgefühls

Um seine Ziele zu erreichen, kann der Manipulator auch ein Klima der Angst erzeugen. Im Dramadreieck nimmt der Manipulator die Position des Verfolgers ein. Er zeigt sich autoritär und erlässt Anordnungen mit der Ausrede eines Notfalls. Als Vorgesetzter missbraucht er seine Position, um seinem Opfer noch mehr abzuverlangen, indem er ihm eine Beförderung verspricht, oder bedroht es im Gegenteil damit, es dafür nicht zu berücksichtigen oder sogar zu entlassen.

KONKRETES BEISPIEL

Aus Angst vor dem Verlust des Arbeitsplatzes machen Sie auf Kosten Ihres Privatlebens Überstunden, weil ein Kollege Gerüchte über Ihre mögliche Entlassung gehört haben will.

Darüber hinaus reagiert der Manipulator gereizt oder sogar aggressiv, wenn seinen Forderungen nicht nachgekommen wird. Der Manipulator nimmt bedenkenlos eine melodramatische Haltung ein, ähnlich einem „Paten", dessen Forderungen man sich nicht verweigern kann.

SICH AUS EINER TOXISCHEN BEZIEHUNG BEFREIEN

Die Konsequenzen für das Opfer

Ein Manipulationsprozess kann für das unter wachsendem Stress leidende Opfer zu körperlichen und seelischen Problemen führen. Im schlimmsten Fall können schwer zu verarbeitende psychologische Schäden ausgelöst werden.

Eine Manipulationssituation wird vor allem dann problematisch, wenn die Zweifel auf das Privatleben übergreifen oder die Gesundheit negativ beeinflussen, beispielsweise durch Verdauungs- und Atemprobleme,

Schlafstörungen etc.

In solchen Fällen muss die Ursache des Problems und eine Strategie zur Verbesserung der Situation sowie zum Selbstschutz gefunden werden.

Prävention

Zunächst ist es von Vorteil <u>die Manipulation als das zu erkennen</u>, was sie ist, um den Beginn eines wirklichen Manipulationsprozesses zu verhindern – im Gegensatz zu harmlosen Versuchen der Einflussnahme ohne Konsequenzen.

Man muss also kontinuierlich an seinen Beziehungskompetenzen arbeiten, um mit seinen Mitmenschen gesunde und erwachsene Beziehungen aufbauen zu können und nicht eine der Rollen aus dem Dramadreieck zu übernehmen. Dies gelingt, indem man sich und seine Mitmenschen respektiert, aktiv zuhört und sich selbst behauptet und durchsetzt.

BEZIEHUNGSKOMPETENZEN

- Um seine Beziehungen zu anderen zu optimieren, sollte man vor allem aktiv zuhören, also bereit sein aufmerksam und interessiert zuzuhören. Das ist wichtig, um die Bedürfnisse des Gesprächspartners zu verstehen. Dazu sollte man versuchen, seine Gefühlssprache zu entschlüsseln, also was er nicht sagt, aber auf eine andere Art und Weise ausdrückt. Umformulierung und offene Fragen gehören auch zum aktiven Zuhören und helfen dem Gesprächspartner, seine Gedanken klarer zu formulieren.

- Ein anderes Schlüsselelement für zwischenmenschliche Beziehungen ist Durchsetzungskraft, also die Fähigkeit, seine Meinungen und Bedürfnisse auszudrücken und zu verteidigen, ohne die Rechte des anderen zu verletzen. Das bedeutet, der Reihe nach die objektiven Tatsachen, die eigenen Gefühle in Beziehung auf diese Tatsachen und seine Bedürfnisse gegenüber diesen Tatsachen preiszugeben. Die eigentliche Forderung kommt danach, einfach und klar formuliert, und sucht nach dem Einverständnis des Gesprächspartners oder zumindest nach einem für beide Seiten befriedigenden Kompromiss.

Die Beziehung verändern

Es ist nicht selbstverständlich, dass man sich von der Einflussnahme des Manipulators befreien kann, wenn man sich von ihm bereits manipulieren lassen hat. Tatsächlich kann dessen Einfluss bei seinem Opfer ein Gefühl des Vermissens auslösen, wenn es sich davon befreien will.

DAS STOCKHOLM-SYNDROM

Das Stockholm-Syndrom verdankt seinen Namen einer Geiselnahme im Jahr 1973 in der schwedischen Hauptstadt. Nach ihrer Freilassung haben sich die Geiseln für ihren Entführer eingesetzt und weigerten sich, beim Prozess gegen ihn auszusagen.

Die Tatsache, Sympathie für seinen Peiniger zu entwickeln, ist ein häufiges psychologisches Phänomen, das auch in einer Beziehung zwischen Manipulator und Manipuliertem auftritt. Dieser Faktor trägt möglicherweise dazu bei, dass man sich schwerer aus solch einer Abhängigkeitssituation befreien kann, wenn man darauf nicht vorbereitet ist.

Der erste Schritt besteht darin, zu realisieren, dass Sie sich in einer Manipulationssituation befinden, nachdem Sie gelernt haben, diese zu erkennen. Ist Ihnen die Beziehung zu Kollegen oder Vorgesetzten unangenehm, sollten Sie zur betreffenden Person eine emotionale Distanz aufbauen, sich Zeit zum Nachdenken nehmen und Bilanz ziehen. Sind bestimmte Anzeichen auf eine Manipulationssituation erkennbar? Dauert dieser Zustand schon einige Zeit an? Wenn sich die Vermutungen als richtig erweisen, sollten Sie beginnen, sich daraus zu befreien.

Der zweite Schritt besteht darin, mit Vertrauenspersonen darüber zu sprechen, um sich seines Standpunkts zu versichern und die Kraft zur Selbstbehauptung und Veränderung der Beziehung zu finden. Allerdings sollten Sie darauf achten, nichts zu dramatisieren oder in Selbstmitleid zu versinken, da dies zum Verlust Ihrer eigenen Glaubwürdigkeit führen könnte.

Zur Durchführung des dritten Schrittes sollten

Sie die Dinge in die Hand nehmen. Wenn Sie manipuliert werden, indem mit Ihren Emotionen und Reaktionen auf bestimmte Tricks gespielt wird, sind Sie auch zum Teil selbst dafür verantwortlich. Lassen Sie sich nicht von den Machenschaften des Manipulators beeinflussen und weigern Sie sich, die Rolle zu spielen, die er Ihnen zugedacht hat.

Daher sollten Sie Grenzen setzen und „nein" sagen lernen, wenn die Forderung diese überschreitet. Wenn der Manipulator es beispielsweise liebt, Dinge immer in letzter Minute zu fordern, weil er Sie damit aus dem Gleichgewicht und dadurch möglicherweise zur Begehung von Fehlern bringt, die er gegen Sie verwenden kann, sollten Sie das nicht weiter dulden. Sie haben einen Terminplan bei der Arbeit, an den Sie sich halten sollten. Geben Sie dem Manipulator zu verstehen, dass er mit Aufgaben nicht immer in letzter Minute ankommen kann, und weigern Sie sich, ihm zu helfen.

Zudem sollten Sie angesichts seiner vagen Aussagen aktiv werden. Fordern Sie die Klärung von unpräzisen Punkten und lassen Sie sich vor allem nicht beirren, wenn er behauptet, Sie wären nicht besonders schlau. In diesem Fall können Sie ihm auch ruhig vermitteln, dass er Sie verletzt hat und Sie diese Demütigung nicht akzeptieren.

Sie sind nun bereit, die Beziehung zu der jeweiligen Person schrittweise zu verändern und für ihre Weiterentwicklung zu einer gesunden Beziehung ohne Machtspiele zu sorgen.

Sich aus der Beziehung befreien

Wenn Sie es jedoch mit einem pathologischen Manipulator zu tun haben – was selten passiert – wird es Ihnen unmöglich sein, eine erwachsene Gesprächsbasis mit ihm aufzubauen. Daher sollten Sie sich weigern, weiterhin eine Beziehung zu ihm zu unterhalten und Gegenmanipulation anwenden. Das Ziel dieser ist, sich vom Einfluss des Manipulators zu befreien und ihm subtil und ohne, dass er es kommen sieht, zu zeigen, dass er enttarnt wurde und Sie auch ohne ihn zurechtkommen.

Hören Sie auf, sich zu rechtfertigen. Täuschen Sie Gleichgültigkeit vor und setzen Sie auf Unpersönlichkeit, vorgefertigte Phrasen und

Sprichwörter. Wenn er beispielsweise Ihre Arbeit kritisiert, könnten Sie darauf antworten: „Kennst du das Sprichwort ‚Übung macht den Meister'?" Sie können aber auch seine Aussagen gegen ihn verwenden („Das haben Sie gesagt") oder sich mit Humor und Selbstironie aus heiklen Situationen retten, ohne laut oder unhöflich zu werden.

KLEINER TIPP

Es ist wichtig, nicht die Beherrschung zu verlieren, sondern rational und pragmatisch zu bleiben. Der Manipulator verliert leicht die Kontrolle über seine Emotionen, auch wenn er selbstsicher erscheinen mag. Seien Sie stärker als er!

Wenn Sie eine solche Haltung annehmen, wird der Manipulator bald genug haben. Sollte er allerdings weiter daran festhalten und Sie ihn nicht ignorieren können – wenn es sich beispielsweise um einen Vorgesetzten handelt – oder er sich ein anderes Opfer sucht, sollten Sie das der Personalabteilung melden. Bereiten Sie in diesem Fall akribisch eine Akte vor, indem Sie sich beispielsweise Notizen über die mit ihm getroffenen Vereinbarungen oder unhaltbare Fristen machen, die er Ihnen auferlegt. Sollte das alles nichts helfen, sollten Sie Ihre Zelte abbrechen und den Arbeitsplatz wechseln. Ihre psychische Gesundheit ist auf jeden Fall wichtiger als die Arbeit.

TOP TIPPS

- Nehmen Sie sich Zeit für das Verständnis des Ablaufs eines Manipulationsprozesses, um sich gegen Tricks zu wappnen oder sich aus der Situation zu befreien.
- Wenn Sie eine Person verdächtigen, Sie manipulieren zu wollen, sollten Sie es vermeiden, etwas über Ihr Privatleben und Ihre Persönlichkeit preiszugeben. Es ist wichtig, ausweichend auf diese Themen zu reagieren, damit der Manipulator sie nicht gegen Sie verwenden kann.
- Vertrauen Sie auf Ihre Intuition. Der Manipulator hat in Ihrem Chef bereits Zweifel gesät oder hat es zumindest vor. Vertrauen Sie sich selbst und folgen Sie Ihrem Instinkt!
- Nein sagen können. Um Ihr Selbstvertrauen zu erhalten, ist es wichtig, Aufträge abzulehnen, wenn Sie sie nicht erledigen wollen. Es gibt mehrere Arten der Verweigerung:
  - teilweise Verweigerung, wenn nur ein Teil des Auftrags angenommen wird.
  - konstruktive Kritik, wenn Sie finden, dass

der Auftrag nicht ganz gerechtfertigt ist und Sie über die Bedingungen seiner Erledigung verhandeln wollen.

  ◦ vollständige Verweigerung, wenn Sie den Auftrag nicht einmal teilweise erfüllen wollen. Wenn der Manipulator darauf beharrt, können Sie die Technik der „gesprungenen Platte" anwenden: Wiederholen Sie Ihre Weigerung unermüdlich, bis er aufgibt.

• Im Allgemeinen sollten Sie unklare Aufträge ablehnen oder um Spezifizierung bitten, bis Ihnen alles klar ist. Weigern Sie sich, der Vermittler von Aufträgen für andere zu sein. Seien Sie vorsichtig bei Schmeicheleien. Täuschen Sie Gleichgültigkeit angesichts von Bemerkungen vor, die Sie offensichtlich verletzen sollen.

• Wenn Sie keine gesunde Kommunikation mit dem Manipulator herstellen konnten, sprechen Sie am besten nicht mit ihm über Ihre Gefühle. Er wird sich nur darüber lustig machen und es ist nicht notwendig, Ihre Zeit mit Gesprächen mit ihm zu verschwenden.

• Wenn die Haltung des Manipulators in Ihren Augen offensichtlich ist, ziehen Sie sie ins Lächerliche, um ihn um seine Glaubwürdigkeit zu bringen. Das kann ihn aus dem Gleichgewicht bringen und den Teufelskreis durchbrechen.

- Brechen Sie aus Ihrer Isolation aus und sprechen Sie mit anderen darüber. Prangern Sie die Manipulationssituation, die Sie erlitten haben oder die Sie zwischen Kollegen feststellen, an. Sie können sich auch Ihrer Familie oder Ihren Freunden anvertrauen. Es ist wichtig, dass manipulierte Personen gehört und verstanden werden, damit sie das finden können, was der Manipulator ihnen verweigert: Empathie und Wohlwollen.
- Vermeiden Sie Paranoia! Wenn Sie die eine oder andere manipulative Charakteristik in einer bestimmten Situation bei einer bestimmten Person feststellen, heißt das nicht automatisch, dass sie ein Serienmanipulator ist. Nehmen Sie sich Zeit, um die Situation zu analysieren, wenn Sie die Beziehung zu jemandem anzweifeln. Das Ziel dieser Ratschläge ist, gesunde Beziehungen am Arbeitsplatz zu schaffen und Machtspiele sowie ein allgemeines Klima des Misstrauens zu vermeiden.

FAQ

WER SIND DIE MANIPULATOREN?

Jeder Mensch kann durch die Beziehungsrollen möglicherweise zum Manipulator werden. Manche haben allerdings wirklich eine schädliche manipulative Persönlichkeit und sind ständig auf der Suche nach einem neuen Opfer. Die Manipulation gehört zu ihrer Funktionsweise und ihrer Art der Kommunikation mit ihrem Umfeld.

WIE KANN ICH EINEN KRANKHAFTEN MANIPULATOR AM ARBEITSPLATZ ENTLARVEN?

Hier finden Sie einige Charakteristika, die in ihrer Gesamtheit möglicherweise eine manipulative Persönlichkeit entlarven, die Sie im Auge behalten sollten:

- Ein Kollege nimmt zu viel oder zu wenig Platz in Ihrem Arbeitsbereich ein.
- Seine Haltungen und Meinungen ändern sich,

je nachdem mit wem er spricht.

- Er interessiert sich sehr für Sie, aber auf herablassende Art und Weise.
- Er lässt oft Dritte seine Botschaften überbringen.
- Er drückt sich meist unklar aus und behandelt Sie wie einen Idioten, wenn Sie nachfragen.
- Er nimmt keine Rücksicht auf Ihre Gefühle.
- Er geht Verpflichtungen ein, denen er nicht nachkommt.
- Er lässt Sie regelmäßig seine Arbeit erledigen unter dem Vorwand, dass es dringend ist, er keine Zeit oder Wichtigeres zu tun hat oder unter gesundheitlichen Problemen leidet.
- Er beschwert sich ständig, damit Sie Mitleid mit ihm haben.
- Ihm zufolge machen Sie nichts richtig, aber er hilft Ihnen auch nicht dabei, sich zu verbessern, und bittet Sie weiterhin, diverse Aufgaben für Ihn zu erledigen.
- Er beschuldigt und kritisiert Sie wegen Ihrer Persönlichkeit und nicht wegen Ihrer Arbeit.
- Er selbst erträgt keine Kritik.
- Er lästert und lügt.
- Seine Worte und Handlungen widersprechen sich.

- Er gibt durch seine Haltung und seinen Diskurs vor, besser als die anderen zu sein, und ändert ohne zu zögern das Thema oder verschwindet, wenn er Gefahr läuft, dass sein Unwissen in Bezug auf bestimmte Themen auffällt.
- Er scheint seine Arbeit effizient zu erledigen, aber Sie fragen sich, ob das nicht auf Kosten der anderen und sogar Ihrer eigenen Arbeit geschieht.

WERDE ICH AM ARBEITSPLATZ MANIPULIERT?

Werden Sie sich der Manipulation bewusst, indem Sie Ihr Unwohlsein analysieren und die manipulative Haltung eines Mitarbeiters enttarnen:

- Wenn Sie weniger selbstsicher sind als bei Antritt Ihrer Stelle, sollten Sie sich fragen, warum.
- Führen Sie eine Introspektion durch, um zu bestimmen, ob Sie an Ihrem Arbeitsplatz Stress ausgesetzt sind oder andere Probleme in Verbindung mit Ihrer geistigen und/oder körperlichen Gesundheit haben.
- Analysieren Sie Ihre Arbeitslast im Vergleich mit der Ihrer Kollegen und fragen Sie sich, ob

Sie anders behandelt werden als die anderen.
- Wenn Sie in Bezug auf einen Kollegen Zweifel haben, sollten Sie die Natur der Beziehung zu ihm bestimmen. Fragen Sie sich beispielsweise, warum er Sie besonders zu schätzen scheint, Sie aber oft bittet, ihm bei seinen Aufgaben zu helfen.

BEFINDE ICH MICH UNBEWUSST IN EINER FÜR MICH NACHTEILIGEN SITUATION?

Das ist sehr wahrscheinlich. Zur Erinnerung: Manipulation entsteht in Beziehungen zwischen zwei oder mehreren Personen. Wenn Sie manipuliert werden, hat jemand etwas in Ihrem Verhalten gefunden, aus dem er einen Vorteil ziehen kann. Haben Sie vielleicht das Opfer oder den Retter gespielt?

Achtung! Sie sollten sich hiervon nicht angegriffen oder gedemütigt fühlen. Diese Feststellung ist im Gegenteil sogar positiv. Es bedeutet, dass Sie einen Fehler gemacht haben, aber dass Sie die Beziehung nun verändern können. Also ändern Sie etwas!

WANN SOLLTE ICH AKTIV WERDEN?

Je schneller Sie reagieren, desto leichter können Sie die Einflussnahme eines Manipulators
verhindern oder sich davon befreien. Es ist allerdings nie zu spät. Behalten Sie im Hinterkopf,
dass ein Manipulator Masken und Machtspiele
benutzt, ohne die seine Vorgehensweise nicht
funktioniert. Wenn die Masken erst einmal
gefallen sind, ist es einfacher, Gegenangriffe und
Verteidigungsmechanismen in Gang zu setzen,
sich zu behaupten und Grenzen zu setzen. Kurz
gesagt, wenn eine Beziehung Ihnen nicht guttut,
ist es Zeit entsprechende Schritte einzuleiten.

WIE BEFREIE ICH MICH AUS DIESER DEMÜTIGENDEN BEZIEHUNG?

- Als erstes sollten Sie den laufenden
  Manipulationsprozess aufdecken.
- Nehmen Sie etwas emotionalen Abstand, um
  die möglicherweise toxische Beziehung ruhig
  analysieren zu können.
- Sprechen Sie mit Vertrauenspersonen.
- Verändern Sie die Beziehung:
  - Arbeiten Sie an Ihrem Selbstvertrauen.

- Verhalten Sie sich wie ein verantwortungs-voller Erwachsener.
  - Verweigern Sie Rollenzuschreibungen.
  - Behaupten Sie sich und drücken Sie Ihre Bedürfnisse aus.
  - Hören Sie aktiv zu.
  - Setzen Sie sich durch.
- Als letzten Ausweg sollten Sie die Beziehung verweigern und Gegenmanipulation anwenden, um sich zu schützen.

WELCHES GESETZ SCHÜTZT MICH IN DIESER SITUATION?

Von juristischer Seite aus gesehen fällt die wiederholte und stetige Manipulation, egal ob mit der Absicht zu schädigen oder nicht, unter Mobbing bzw. Belästigung.

Wenn das Verhalten des Manipulators als missbräuchlich und wiederholt bezeichnet werden kann und mit für Sie nachteiligen Konsequenzen verbunden ist, haben Sie das Recht, ein Verfahren gegen ihn einzuleiten. Damit ein Angestellter sich aus dieser Situation befreien kann, sind folgende Schritte notwendig:

- Die erste Etappe besteht in dem Versuch, das Problem intern mithilfe von Mitteln, die das Unternehmen gesetzlich in der Arbeitsordnung zu verankern hat, zu lösen.

TIPP FÜR DEN ARBEITGEBER

Der Arbeitgeber ist gesetzlich dazu verpflichtet, Vorbeugemaßnahmen gegen Mobbing im Unternehmen zu treffen. Diese können in der internen Arbeitsordnung der Firma definiert werden.

- Es soll also versucht werden, das Problem einvernehmlich mithilfe eines Mediationsprozesses, der von einer unabhängigen Instanz überwacht wird, zu lösen.
- Wenn diese beiden Möglichkeiten ausgeschöpft sind, bleibt nur noch das Gerichtsverfahren.

TIPP FÜR ANGESTELLTE

Im Rahmen des Verfahrens ist der Angestellte durch das Gesetz geschützt und kann weder entlassen noch Objekt von nachteiligen Maßnahmen werden. Wenn der Angestellte trotzdem entlassen wurde, muss der Arbeitgeber den Beweis erbringen, dass die Beendigung des Vertrages nichts mit dem Verfahren zu tun hat.

WIE ERKLÄRE ICH MEINEM UMFELD DIE SITUATION?

In so einer Situation brauchen Sie unbedingt Unterstützung. Wenn Sie die Möglichkeit haben, darüber mit Ihrem Umfeld zu sprechen, sollten Sie die Tatsachen so objektiv wie möglich darlegen, Ihre Gefühle angesichts dieser Situation erklären und erzählen, was Sie bei der Arbeit erleben. Suchen Sie sich einen guten Zuhörer, der Ihnen zwar wahrscheinlich keine vorgefertigte Lösung liefern kann, Ihnen jedoch dadurch hilft, dass er einfach zuhört, wodurch Sie die Situation besser verstehen und sich Auswegmöglichkeiten überlegen können. Sprechen Sie über alles, was der Manipulator nicht hören will.

WIE KANN ICH ANDEREN HELFEN, SICH AUS DIESER SITUATION ZU BEFREIEN?

Die beste Art anderen zu helfen, sich aus einer solchen Situation zu befreien, ist, ihnen zuzuhören. Wenn das Opfer ein Arbeitskollege ist, können Sie auch:

- der manipulativen Person erklären, dass Sie mit ihrem Verhalten nicht einverstanden sind.
- mit einem Vorgesetzten darüber sprechen.
- eine Vertrauensperson finden, mit der Ihr Kollege sprechen kann.
- Ihrem Kollegen vorschlagen, psychologische Hilfe in Anspruch zu nehmen.

Das Wichtigste ist, dass Ihr Kollege Sie als Verbündeten sieht und sich verstanden fühlt, damit er wieder an Selbstvertrauen gewinnen kann.

JETZT SIND SIE GEFRAGT!

Denken Sie an Ihre persönlichen Erlebnisse und identifizieren Sie eine Situation, in der Sie das Gefühl hatten, manipuliert worden zu sein oder sich dem Wunsch einer anderen Person gegen Ihren Willen unterworfen zu haben.

Um welchen Manipulationstyp handelt es sich?

- Haben Sie sich von einem Opfer erweichen lassen?
- Haben Sie das Gefühl, einem Retter etwas schuldig zu sein?
- Haben Sie unter einem Verfolger gelitten?

Warum haben Sie sich manipulieren lassen?

- Wollten Sie so ein unangenehmes Gefühl vermeiden? Welches Gefühl?
- Hatten Sie Angst, dass Ihnen etwas genommen wird, woran Sie hängen (beispielsweise Ihr Arbeitsplatz)? Was war das?
- Hofften Sie im Gegenteil, dadurch etwas zu

bekommen? Was?

Welche irrationalen Annahmen haben dazu geführt, dass Sie sich zur Manipulation anstiften ließen?

- „Ich muss perfekt sein."
- „Meine Worte und Taten müssen übereinstimmen."
- „Ich muss alles wissen."
- „Ich darf mich niemals täuschen."
- „Ich muss allen gefallen."
- „Ich soll meinem Nächsten helfen."
- „Ich muss eine Meinung zu allem haben und darf sie niemals ändern."
- „Meine Meinung ist schlechter als die meines Gesprächspartners."
- Etc.

Durch ehrliche Antworten auf diese Fragen lernen Sie sich selbst besser kennen und können verstehen, was Sie in Ihren Beziehungen zu anderen motiviert. Sie werden dadurch fähig sein, ihre Beziehungskompetenzen weiterzuentwickeln, um sich nicht (mehr) in toxische Beziehungen am Arbeitsplatz oder in Ihrem Umfeld verwickeln zu lassen.

Ihre Meinung ist uns wichtig!
Hinterlassen Sie doch einen Kommentar auf der
Seite unserer Online-Buchhandlung
und teilen Sie Ihre Favoriten in den sozialen
Netzwerken!

DARÜBER HINAUS

LITERATURVERZEICHNIS

- Andersen, Marie: *La manipulation ordinaire. Reconnaître les relations toxiques pour s'en protéger.* Marabout: Paris 2014.

- Hirigoyen, Marie-France: *Die Masken der Niedertracht. Seelische Gewalt im Alltag und wie man sich dagegen wehren kann.* Aus dem Französischen von Michael Marx. Dtv: München 2002.

- Milgram, Stanley: *Das Milgram-Experiment: Zur Gehorsamsbereitschaft gegenüber Autorität.* Aus dem Englischen von Roland Fleissner. Rowohlt: Berlin 1982.

- Nazare-Aga, Isabelle: *Les manipulateurs sont parmi nous.* Les Éditions de l'Homme: Montreal 2004.

- Petitcollin, Christel: *Échapper aux manipulateurs.* Guy Trédaniel éditeur: Paris 2008.

- Sanchez, Marie-Dolores: *50 exercices de contre-manipulation.* Eyrolles: Paris 2013.

WEITERFÜHRENDE LITERATUR

- Bauer, Karin: „Wie im Job manipuliert wird." *Macht. Strategien der Manipulation. Derstandard. at.* (09.06.2016).
https://www.derstandard.at/story/2000038147220/strategien-der-manipulation (06.10.2019).

- Franke, Miriam: „Manipulation im Job: So durchschauen Sie die fiesen Psycho-Tricks der Chefs." *Psychologie. Arbeits-abc.de.* (o. J.)
https://arbeits-abc.de/psycho-tricks-im-job/ (06.10.2019).

- Mai, Jochen: „Dramadreieck – Verfolger, Opfer oder Retter?" *Management. Karrierebibel.de.* (17.08.2011).
https://karrierebibel.de/dramadreieck/ (06.10.2019).

MEHR AUF 50MINUTEN.DE

- Bronckart, Véronique: *Gewaltfreie Kommunikation im Beruf. Methoden für die konstruktive Konfliktlösung und professionelle Zusammenarbeit.* Aus dem Französischen von Mareike Lobeck. Plurilingua Publishing: Brüssel 2019.

- Bronckart, Véronique: *Selbstbehauptung. Tipps für gelungene Kommunikation auf Augenhöhe.* Aus dem Französischen von Mareike Lobeck.

Plurilingua Publishing: Brüssel 2019.

- Nguyen Gateff, Hélène: *Schwierige Persönlichkeiten. Tipps für den Umgang mit schwierigen Kollegen.* Aus dem Französischen von Julia Buchrieser. Plurilingua Publishing: Brüssel 2019.

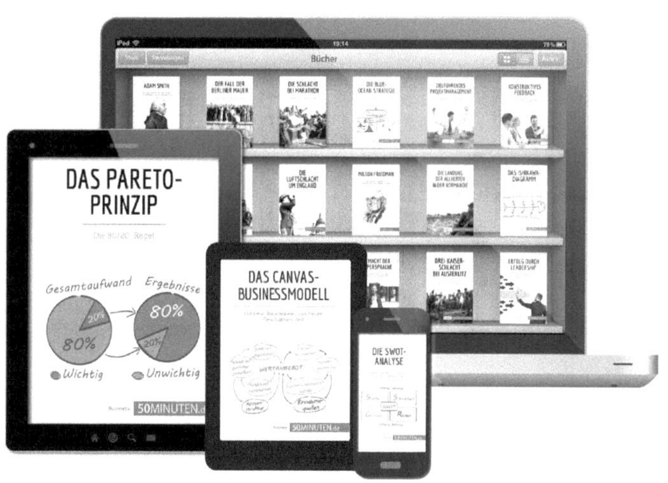

SCHMÖKERN SIE SICH SCHLAU!

www.50Minuten.de

www.50Minuten.de

ISBN digitale Ausgabe: 9782808021463

ISBN gedruckte Ausgabe: 9782808021470

Pflichtexemplar: D/2019/12603/227

Cover: © Plurilingua

Digitale Aufbereitung: Primento, der digitale Partner der Herausgeber